자연 재난이 위험해!

글_ 최옥임
초등 학습지 개발과 어린이 잡지 기자를 하다 지금은 다양한 어린이책을 쓰고 있습니다. 하임리히 응급 서시법을 어른들에게 가르쳐 줄 만큼 안전에 박식한 9살 딸아이의 엄마이기도 합니다.
쓴 책으로 《자신만만 직업 여행》, 《생선 도둑을 잡아라!》, 《초등학교 입학을 축하합니다!》, 《바이킹의 꿈》, 《바깥 활동 안전 수첩》 등이 있습니다.

그림_ 김령언
하루의 대부분 그림을 그리며 시간을 보냅니다. 할머니가 되어서도 그림을 그리면서 사는 것이 꿈입니다. 그린 책으로는 《백설공주와 마법사 모린》, 《괜찮아 괜찮아 완벽하지 않아도 괜찮아!》, 《나를 지키는 안전 수첩》, 《위조지폐 사기단은 모르는 돈의 비밀》, 《9.0의 비밀》 등이 있습니다.

감수_ (사)한국생활안전연합
'어린이가 안전하면 모두가 안전하다'라는 생각으로 사회적 약자가 안전한 세상을 만들어 가는 데 앞장서는 대한민국의 대표 안전 공익 법인입니다. 아동 안전 캠페인, 안전과 관련된 정책 및 입법 활동, 아동 안전사고 예방 교육 등을 통해 안전 문화를 확산하고 있습니다.
(홈페이지 www.safia.org)

ⓒ 최옥임 김령언, 2016

1판 1쇄 발행 2016년 6월 21일 | **1판 4쇄 발행** 2023년 11월 10일

글 최옥임 | **그림** 김령언 | **감수** (사)한국생활안전연합
펴낸이 권준구 | **펴낸곳** (주)지학사
본부장 황홍규 | **편집장** 김지영 | **편집** 박보영 이지연 | **디자인** 이혜리
마케팅 송성만 손정빈 윤술옥 박주현 | **제작** 김현정 이진형 강석준 오지형
등록 2010년 1월 29일(제313-2010-24호) | **주소** 서울시 마포구 신촌로6길 5
전화 02.330.5263 | **팩스** 02.3141.4488 | **이메일** arbolbooks@jihak.co.kr
ISBN 979-11-85786-70-4 74370
ISBN 979-11-85786-48-3 74370(세트)
잘못된 책은 구입하신 곳에서 바꿔 드립니다.

 제조국 대한민국 **사용연령** 6세 이상
KC마크는 이 제품이 공통안전기준에 적합하였음을 의미합니다.

지학사아르볼 아르볼은 '나무'를 뜻하는 스페인어. 어린이들의 마음에 담긴 씨앗을 알찬 열매로 맺게 하는 나무가 되겠습니다.
홈페이지 www.jihak.co.kr/arb/book | **포스트** post.naver.com/arbolbooks

펴내는 말

안전한 생활이 곧 행복한 미래다

　세월호 침몰부터 판교 환풍구 붕괴, 글램핑장 화재까지 우리 사회에는 안전 불감증에서 비롯된 참사가 잇달아 발생해 왔습니다. 이에 교육부는 유아부터 고교 단계까지 체계적인 안전 교육이 가능하도록 발달 단계에 따른 안전 교육 표준안을 마련하였으며, 학교생활 안전 매뉴얼 앱을 만들었습니다. 또한 2018년부터 적용된 새로운 교육 과정에 안전 교과를 포함시켰습니다.

　우리는 큰 사고가 일어나면 '안전이 제일이다'라며 안전의 중요성을 강조합니다. 하지만 그때뿐일 때가 많습니다. 안전 의식이 자리 잡지 못하면 우리 사회의 안전 문제는 늘 소 잃고 외양간 고치는 격의 상황이 반복될 것입니다.

　몇 번의 교육으로 머릿속에 지식을 넣을 수는 있습니다. 하지만 아는 것과 실제 상황에서 바로 행동에 옮길 수 있는 건 다른 문제입니다. 사고는 늘 예측하지 못한 상황에서 발생하게 마련이니까요. 예를 들어 불이 났다고 생각해 보세요. 배운 대로 '불이야!'라고 큰 소리로 외쳐 다른 사람에게 알리고, 비상벨을 누르고, 119에 신고하고, 물에 적신 담요나 수건 등으로 몸을 감싸고 대피한다는 매뉴얼을 떠올리는 사람이 몇이나 될까요?

　참된 안전 교육은 아는 데서 그치지 않고, 체득하는 데 있습니다. 반복된 교육과 체험이 필요한 것이지요.

　《일 년 내내 안전한 생활》은 아이들의 안전 의식과 위기 대응

능력을 키워 주는 초등 저학년 그림책 시리즈입니다. 교육부에서 제공하는 안전 교육 7대 영역 표준안과 학교생활 안전 매뉴얼 앱에 기초하여 만들었지요. 어린이 안전사고를 동화로 들려주고, 그 예방법과 대처법을 함께 소개합니다. 또래의 등장인물을 통한 간접 경험은 아이들이 안전 생활을 습관화하는 데 큰 도움을 줄 것입니다.

교육부 〈안전 교육 7대 영역 표준안〉	교육부 〈학교생활 안전 매뉴얼〉	아르볼 《일 년 내내 안전한 생활》
생활 안전	학교 내 활동	학교
교통안전	학교 밖 활동	우리 집
폭력 · 신변 안전	폭력	응급 처치
약물 · 인터넷 중독	교통사고	교통사고
재난 안전	감염 및 중독	자연 재난
직업 안전	응급 처치	비상 대피
응급 처치	자연 재난	중독
	비상사태	야외 활동
		폭력

작가의 말

자연 재난, 막을 수는 없지만 피해는 줄일 수 있어요!

2016년 4월, 일본과 에콰도르에서 강한 지진이 일어나 많은 사람들이 목숨을 잃었어요. 두 나라 모두 '불의 고리'에 속해서 지진을 자주 겪어요. 불의 고리란 지진과 화산 폭발이 자주 일어나는 환태평양 조산대를 말해요. 다행히 우리나라는 이에 속하는 위험 지역은 아니에요. 하지만 자연 재난으로부터 완전히 안전한 곳도 아니지요. 우리나라가 여름철마다 태풍과 큰비로 인해 피해를 입는 걸 떠올려 봐요.

삼국 시대에도 자연 재난에 대한 기록이 남아 있는 걸 보면 자연 재난과의 싸움이 얼마나 오래됐는지 알 수 있어요. 요즈음에는 지구 온난화 때문에 한 지역에 집중적으로 비가 퍼붓는 국지성 호우나 위력이 아주 큰 슈퍼 태풍이 자주 일어나고 있어요. 이런 이상 기후까지 겹쳐져 자연 재난의 피해는 더욱 커지고 있지요.

자연 재난이 휩쓸고 지나갈 때마다 인간이 자연 앞에서 얼마나 나약한 존재인지 느끼게 돼요. 자연 재난으로 인한 피해는 대부분 규모가 크고 예측하기 어려워요. 그래서 인간의 힘으로 어쩔 수 없을 때가 많아요. 하지만 이 책에 나오는 친구들처럼 빈틈없이 준비하고 대처한다면 피해의 크기를 어느 정도 줄일 수 있을 거예요.

이 책은 '가상 현실'을 이용해 자연 재난을 체험해 보는 이야기예요. 가상 현실은 새로운 과학 기술로, 최근에 사람들의

관심을 많이 끌고 있어요. 이 동화를 읽으며 간접적으로라도 자연 재난을 겪어 본다면, 실제로 재난이 닥쳤을 때 더 잘 대처할 수 있을 거예요.

자연 재난을 다룬 영화를 보는 것도 간접 체험에 도움이 돼요. 대표적으로 해일을 다룬 우리나라 영화 〈해운대〉, 빙하가 녹아서 도시를 물바다로 만든다는 내용의 〈투모로우〉, 강한 회오리바람을 다룬 〈인 투 더 스톰〉 등이 있어요. 부모님과 함께 이런 영화를 보면서 자연 재난 대처법에 대해 생각하고 이야기를 나누면 도움이 많이 될 거예요.

우리 인류는 아직 태풍, 호우, 지진과 같은 자연 재난을 막을 수 없어요. 하지만 자연 재난을 이겨 내며 살아가야 한답니다. 자연 재난의 피해를 줄이기 위해서는 내가 잘 대처하는 것도 중요하지만 우리 모두의 노력이 필요해요. 홍수 피해를 줄이기 위해 나무를 한 그루씩 심어 보는 건 어떨까요? 자연이 화를 내지 않도록 지구 온난화를 막기 위한 노력도 게을리하지 말아야겠죠!

최옥임

"**이야**, 다 왔다!"
우리는 신이 나서 박람회장으로 뛰어 들어갔어요.
"얘들아, 셋이 꼭 붙어 다녀야 한다."
엄마들의 목소리가 뒤통수 너머로 들려왔어요.
"야, 저기 봐. 줄이 긴 거 보니까 되게 재미있나 봐."
"가상 현실 체험장? 뭐 하는 데지?"
"**자연 재난**을 실제처럼 체험하는 곳이래."
"무서울 것 같아. 나 안 할래."
"안전 박사! 네가 없으면 안 되지!"
지우와 승준이는 내가 도망치지 못하게 손을 꽉 잡았어요.

잠시 뒤, 우리 차례가 되었어요.
진행자가 설명했어요.
"지금부터 여러분은 네 가지 재난을 만날 거예요.
알고 있는 안전 상식을 이용해 자연 재난을 이겨 내 보세요! 모두 자신 있어요?"
"네, 자신 있어요!"
지우와 승준이가 큰 소리로 대답했어요.
우리는 특수 안경을 쓰고 이상한 장갑도 꼈어요.
나는 겁이 나고 긴장돼서 가슴이 콩콩 뛰었어요.

태풍 체험

"시작!"

눈앞에 거리가 펼쳐지더니 비바람이 윙윙 몰아쳤어요.

"**태풍**이다!"

몸을 겨우 가누면서 몇 발자국 갔는데 뭔가가 빠르게 날아왔어요.

"앗, 간판이다. 피해!"

다행히 셋 다 간판을 피했어요.

"앗싸, 이거 재미있는데."

까불이 승준이는 신나서 앞서갔어요.

우르릉 쾅쾅! 천둥 번개까지 쳤어요.

"얘들아, 저기 큰 나무 밑으로 피하자."

"나무 밑은 안 돼!"

그때 번개가 내리쳐 나무가 쓰러졌어요.

악!

태풍이란?

몹시 세찬 바람(최대 풍속 17m/초 이상)과 큰비가 함께 오는 기상 현상이에요. 해마다 6~9월이면 적어도 한두 개의 태풍이 우리나라를 지나가요. 자연 재난 중에 우리나라에 가장 큰 피해를 주는 것이 태풍이에요.

태풍 체험

정신을 차려 보니 우리는 아파트 베란다에 있었어요.
마치 순간 이동이라도 한 듯 말이에요.
창밖을 보니 태풍이 아까보다 더 세졌어요.
창문이 **덜컹덜컹** 흔들려
금방이라도 깨질 것만 같았어요.
"창문이 깨지지 않게 테이프를 붙이자.
신문지에 물도 뿌리고."
우리는 창문에 X 자로 테이프를 붙이고
젖은 신문지도 붙였어요.
잠시 뒤 태풍이 점차 잠잠해졌어요.
"후유, 태풍이 물러갔나 봐."
곧이어 "태풍 체험 종료!"라는 안내 방송이 나왔어요.

덜컹

 # 태풍이 왔을 때는 이렇게!

실내에 있을 때

- 집 밖으로 나가지 말아요.
- 텔레비전이나 라디오로 태풍의 진행 상황을 주의 깊게 들어요.
- 창틈에 테이프를 붙이거나 신문지를 끼우면 창문을 고정하는 데 도움이 돼요. 또, X 자로 테이프를 붙이거나 젖은 신문지를 붙여 두면 창문이 깨졌을 때 유리 조각이 튀는 것을 막을 수 있어요. 단, 태풍이 오기 전에 미리 해야 해요. 어린이가 직접 붙이면 위험해요.
- 대피할 때는 수도와 가스 밸브를 잠그고 전기 차단기를 내려요.

바깥에 있을 때

- 천둥 번개가 칠 때는 건물 안이나 낮은 곳으로 대피해요.
- 벼락을 맞을 수 있으므로 우산을 쓰는 대신 비옷을 입는 게 좋아요.
- 전봇대나 가로등, 신호등, 나무 가까이 가지 말아요. 강한 바람에 쓰러지거나 번개가 내리치면 위험해요.
- 바닷가에 있을 때는 바다와 멀고 높은 곳으로 이동해요. 태풍에 파도가 높아져 위험하거든요.

태풍이 지나가도 조심해야 한다고?

- 수돗물이 오염되었을 수 있으므로 얼마 동안은 물을 끓여 먹어요. 특히 지하수는 더욱 조심해야 해요.

호우 체험

한숨을 돌리기도 전에 다음 체험이 시작되었어요.
집 안으로 물이 **콸콸** 들어왔어요.
"이번엔 **호우 경보**래!"
지우가 모래주머니로 문틈을 막아 보았지만
물은 사정없이 밀려들었어요.
"어머! 어떡해, 어떡해."
가상 현실인 줄 알면서도 나는 너무 무서워 발을 동동 굴렸어요.
방송에서는 계속해서 기상 특보가 흘러나왔어요.
"이러다 우리도 물에 잠기겠어. 밖으로 나가자."

잠깐! STOP

호우란?
짧은 시간 동안 많은 양의 강한 비가 내리는 거예요. 호우도 태풍 못지않게 큰 피해를 줄 수 있어요. 산사태나 홍수로 수많은 사람들이 죽거나 실종되기도 하고, 도로와 건물이 물에 잠기고 부서지기도 해요.

호우 체험

밖은 완전히 물바다였어요.

도로는 물에 잠겼고, 살림살이며 뿌리째 뽑힌 나무들까지 둥둥 떠다녔어요.

"빨리 높은 데로 대피하자."

승준이가 앞장섰어요.

나는 승준이가 가로등 쪽으로 가는 것을 보고 놀라서 소리쳤어요.

"승준아, **가로등에서 떨어져!**"

하천 가까이 지날 때는 물살이 갑자기 세져서 아찔했어요.

우리는 가까스로 높은 곳으로 피해 한숨을 돌렸어요.

눈 아래로 보이는 풍경은 그야말로 아수라장이었어요.

 집중 호우가 내릴 때는 이렇게!

실내에 있을 때

- 텔레비전과 라디오 재난 방송을 들으며 상황을 지켜봐요.
- 물이 집 안으로 들어오면 재빨리 옥상이나 높은 곳으로 대피해요.
- 대피할 때는 수도와 가스 밸브를 잠그고 전기 차단기를 내려요.

바깥에 있을 때

- 되도록 물에 잠긴 곳을 걸어 다니지 말아요. 물살이 센 곳은 반드시 피해요.
- 가로등이나 신호등, 전봇대 가까이 가지 마요.
- 산기슭이나 물가에 있다면 얼른 대피해요.

호우가 지나가도 조심해야 한다고?

- 물에 잠겼던 음식물을 먹으면 안 돼요.
- 물에 젖은 전자 제품은 바짝 말리고 수리를 한 뒤에 사용해요.
- 감전될 수 있으므로 가로등과 신호등, 땅에 떨어진 전선 가까이 가지 말아요.

재난 대비 가방 싸기

- 재난 상황에 대비해 간단히 짐을 싸 두고 급하게 대피할 때 들고 나가요. 생활에 꼭 필요한 물품을 3일분 정도 준비해요. 가능하면 가족 수대로 준비해 두는 것이 좋아요.

잠깐 쉬는 시간이에요.

"만만하게 봤는데 어렵네."

승준이가 **효유~** 깊은숨을 내쉬며 말했어요.

"자신 있다며? 하하하."

우리는 서로 얼굴을 보며 웃었어요.

지진 체험

세 번째 체험이 시작되자마자 바닥이 흔들리기 시작했어요.
"지…… **지진**이다!"
처음에는 벽에 걸린 액자가 달그락달그락거리더니
점점 세게 흔들렸어요.
"모두 **식탁 밑**으로 들어와!"
내가 쿠션을 머리에 쓰고 식탁 밑으로 들어가자
승준이와 지우도 따라 했어요.
"앗, 가스 불이 켜져 있네. 불 끄고 올게!"
나는 가스 불을 끄고 가스 밸브도 꼭 잠그고 왔어요.

지진이란?

지구 내부에서 급격한 움직임이 일어나 그 충격으로 땅이 흔들리는 현상이에요. 심하면 땅이 갈라지거나 건물이 무너지기도 해요.

지진 체험

우리는 라디오에서 나오는 지진 대피 방송에 귀를 기울였어요.
와장창! 덜렁거리던 액자가 떨어지면서 산산조각이 났어요.
그릇이며 컵도 와르르 쏟아졌어요.
"아이코!"
몸이 기우뚱하는가 싶더니 식탁까지 미끄러졌어요.
우리는 한 손으로 머리 위의 쿠션을 잡고
다른 한 손으로는 식탁 다리를 꽉 붙잡았어요.
방송을 들으니 바닷가에 **지진 해일** 경보도 내렸대요.
잠시 뒤 언제 그랬냐는 듯 흔들림이 멈추었어요.
우리는 천천히 식탁 밑에서 기어 나왔어요. 다리가 후들거렸어요.

잠깐! STOP

지진 해일이란?
바닷속에서 일어나는 지진이나 화산 폭발로 인해 거대한 파도가 생겨 해안가를 덮치는 것을 말해요. 일본어로 '쓰나미'라고도 해요.

 **지진**이 났을 때는 이렇게!

실내에 있을 때

- 문을 모두 열어 출구를 확보해요.
  문이 뒤틀려 열리지 않을 수 있거든요.
- 가스레인지나 불을 사용하고 있었다면 바로 꺼요.
  다른 곳에 불이 옮겨붙을 위험이 있어요.
- 푹신한 방석이나 쿠션으로 머리를 감싸고
  책상이나 탁자 밑으로 들어가요.
- 엘리베이터를 타지 말아요.

바깥에 있을 때

- 옷이나 가방으로 머리를 보호하고 공원처럼 넓은
  곳으로 피해요.
- 유리 조각이나 간판이 떨어질 수 있으니 건물에서
  멀리 떨어져요.
- 건물과 담장, 전봇대는 무너질 위험이 있으니
  가까이 가지 말아요.
- 산에 있을 때는 산사태가 날 수 있으므로 재빨리
  넓고 평평한 곳으로 피해요.

지진이 멈춰도 조심해야 한다고?

- 정전이 되었다면 손전등을 사용해요.
  양초나 라이터를 켜면 새어 나온 가스 때문에 폭발할 수 있어요.
- 가스 냄새가 나면 창문을 열어 놓고 대피해요.
  그 뒤 119에 빨리 신고해요.
- 전기에 이상이 있다 싶으면 전기 차단기를 바로 내려요.
- 건물이나 다리 등에는 한동안 가까이 가지 말아요. 무너질 위험이 있어요.

지진 해일이 덮칠 때

- 지진 해일은 파도가 매우 크고 엄청나게 빨라요.
  지진 해일 주의보나 경보가 울리면 꾸물거리지 말고 곧바로 높은 곳으로 피해요.
- 바닷가 가까이 사는 사람들은 대피 장소와 경로를 미리 알아 둬요.

마지막은 **황사** 체험이에요.
창밖을 보니 하늘에 뿌연 황사가 가득했어요.
"학교에 갈 시간입니다. 어서 외출 준비를 하세요."
안내 방송과 함께 옷장이 펼쳐졌어요.
"마스크 쓰기 싫은데……."
지우가 말했어요.
"안경은 왜 있지? 나 눈 좋은데."
승준이는 안경을 껴 보더니 내려놓고 마스크만 썼어요.
나는 전에 황사 때문에 눈병 났던 일이 생각났어요.
"난 안경 낄래. 또 눈병 나긴 싫거든."

황사 체험

우리는 현관문을 나섰어요. 황사가 해를 가려서 하늘은 비 오기 전처럼 어둠침침했어요.

"앗, 따가워." 승준이가 눈을 가리며 아파했어요.

"어떡해. 눈에 황사 먼지가 들어갔나 봐. 그러게 안경을 쓰지."

"콜록콜록."

이번에는 지우가 기침을 했어요.

"어, 너 마스크 어떻게 했어?"

"답답해서 벗었어."

"그렇다고 벗으면 어떡해. 물을 마시면 좀 나을 거야."

나는 두리번두리번 물을 찾았어요.

그러는 사이에 황사가 서서히 걷혔어요.

잠깐!
STOP

황사란?

중국과 몽골 사막에 있는 모래 먼지가 바람을 타고 우리나라까지 날아오는 현상이에요. 주로 봄에 생겨요. 황사 바람에는 미세 먼지와 중금속이 섞여 있어서 몸속에 들어오면 해로워요.

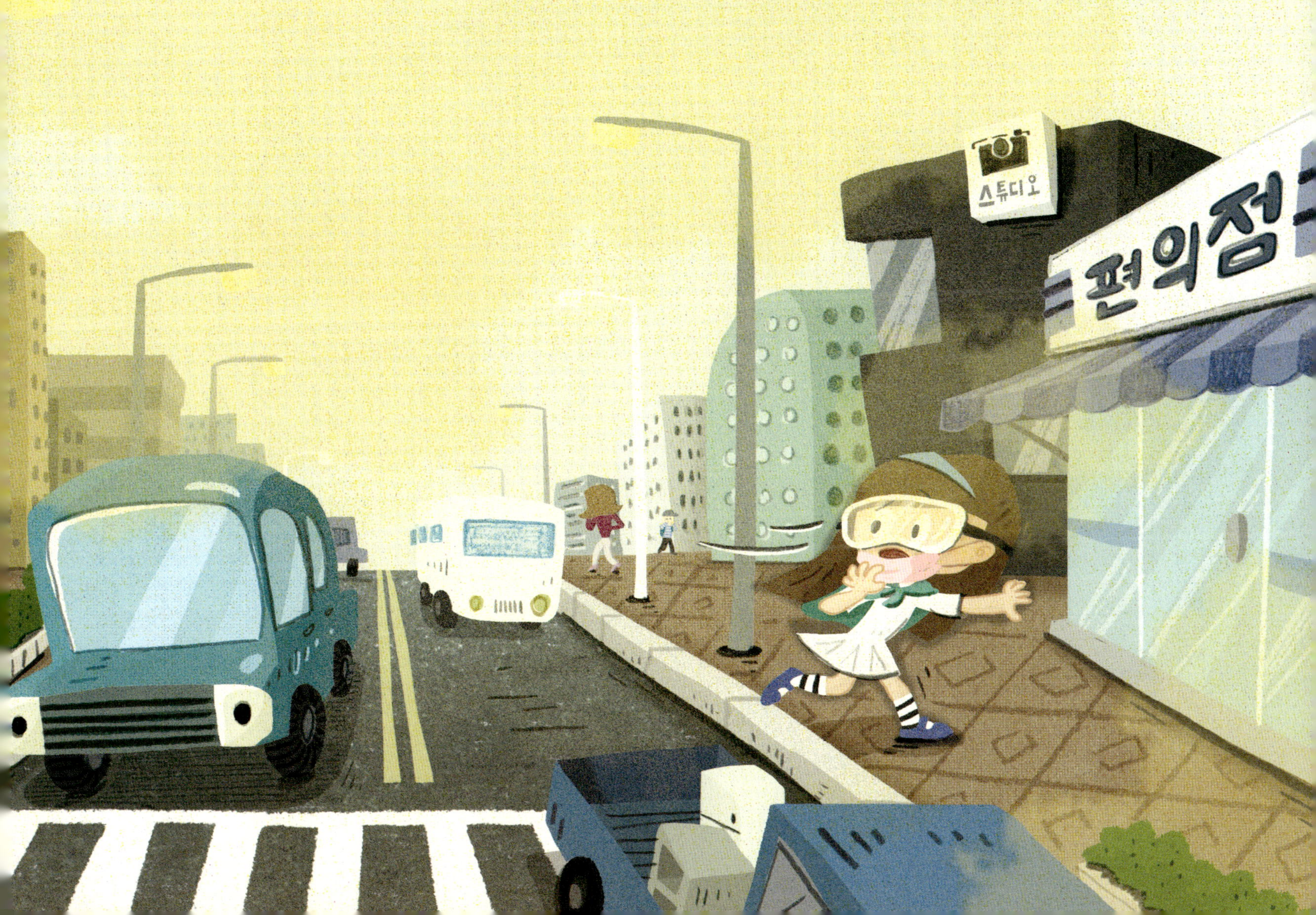

 # 황사가 왔을 때는 이렇게!

황사가 있을 때

- 황사가 집 안으로 들어오지 못하도록 창문을 꼭꼭 닫아요.
- 되도록 밖에 나가지 말아요. 꼭 나가야 한다면 황사 마스크와 모자, 보호안경을 쓰고 긴팔 옷을 입어요.
- 집에 들어오자마자 손발과 얼굴을 깨끗이 씻어요. 양치질과 샤워도 꼼꼼히 해서 몸에 붙은 모래 먼지를 씻어 내요.
- 물을 많이 마셔요.

황사마스크 착용법

| 황사 마스크를 펼쳐요. | 코와 입을 가리고 끈을 귀에 걸어요. | 코 부분의 클립을 눌러 빈틈이 없게 해요. |

황사가 지나가도 조심해야 한다고?

- 창문을 열어 실내의 탁한 공기를 맑게 바꿔요.
- 황사에 오염된 과일이나 채소, 생선 등은 깨끗이 씻어 먹어요.
- 모래 먼지가 남지 않도록 물걸레로 집 안을 구석구석 닦아요.

 폭염과 폭설에는 이렇게!

불볕더위가 있을 때

- 가장 더운 시간인 오후 12시에서 5시 사이에는 야외 활동을 피해요.
- 밖에 나가야 할 때는 챙이 넓은 모자를 쓰고 물병을 꼭 챙겨요.
- 자외선 차단제를 발라 피부를 보호해요.
- 에어컨을 사용할 때는 안과 밖의 온도 차이를 5℃ 정도로 유지해서 냉방병을 예방해요.

폭설이 내릴 때

- 되도록 밖에 나가지 말고 꼭 나가야 한다면 잘 미끄러지지 않는 신발을 신어요.
- 계단을 오르내릴 때는 난간을 잡고 다녀요.
- 산에서는 눈사태가 날 수 있으니 안전한 곳으로 대피해요.
- 폭설이 내리면 고립될 수 있어요. 이에 대비해 비상식량과 약, 생활에 꼭 필요한 물품을 미리 준비해 두어요.

체험 종료!

우리는 기운이 다 빠져 체험장을 어정어정 기다시피 나왔어요.
"후유, 살았다."
"난 아직도 눈앞이 뿌연 거 같아."
"말도 마. 난 바닥이 흔들리는 것 같아. 멀미 나."
나는 엄마를 보자마자 덥석 안겼어요.
"엄마!"
"아유, 많이 무서웠나 보구나."

어느덧 여름이 되었어요.
기상 예보를 들으니 태풍이 우리나라로 오고 있대요.
나는 작은 가방에 비상 용품을 싸며 호들갑을 떨었어요.
"손전등, 휴지, 속옷……. 참, 참, 물."
그 시간 지우랑 승준이도 마찬가지였어요.
지우는 자전거랑 집 밖에 있던 물건을 다 들여놓고,
승준이는 창문에 테이프를 붙인다고 난리였어요.
"이번엔 실제 상황이라고, 실제 상황!"

이번엔 실제 상황이라고, 실제 상황!